凭财智　一生超然

王雷／王惟　编著

财智新国学

中国社会科学出版社

图书在版编目（CIP）数据

财智新国学 / 王雷，王惟编著. — 北京：中国社会
科学出版社，2017.1（2017.9 重印）
ISBN 978-7-5161-9740-0

Ⅰ.①财…　Ⅱ.①王…　②王…　Ⅲ.①企业管理
Ⅳ.①F272

中国版本图书馆CIP数据核字（2017）第000867号

出 版 人	赵剑英
责任编辑	郭晓娟
责任校对	李 享
责任印制	李寡寡

出　　版	中国社会科学出版社
社　　址	北京鼓楼西大街甲 158 号
邮　　编	100720
网　　址	http://www.csspw.cn
发 行 部	010-84083685
门 市 部	010-84029450
经　　销	新华书店及其他书店

印刷装订	北京君升印刷有限公司
版　　次	2017 年 1 月第 1 版
印　　次	2017 年 9 月第 2 次印刷

开　　本	787×1092　1/16
印　　张	12.25
字　　数	168 千字
定　　价	48.00 元

开篇语

一种新的智慧和规则
正在悄然兴起

忽视它的人将游离于
自由王国之外

智慧学探幽

人类的历史就是一部智慧形成和发展的历史。以亚里士多德为代表的古希腊文明和以老子为代表的中国古代文明是人类智慧的重要源泉，都非常注重从整体上看待自然界和人类社会。但是，从16世纪中叶开始的第一次科学革命以来，近代科学学科的划分越来越细，一定程度上模糊了人们对事物的总体性、全局性的认识。当代学者要么是对比较窄的领域了解颇多的科学专家，要么是对各种问题都了解一些的哲学家。其实，被分割得四分五裂的知识很难形成大智慧，往往成为僵化的知识，使普通老百姓望而生畏。德国著名的物理学家普朗克认为："科学是内在的整体，它被分解为单独的部分不是取决于事物本身，而是取决于人类认识能力的局限性。实际上存在从物理到化学，从生物学和人类学到社会学的连续的链条，这是任何一处都不能被打断的链条。"进入21世纪以来，科技界在反思，它正在从越分越细的归约还原研究方法转向系统论的研究方法。20世纪90年代以来，德高望重的钱学森老先生大力倡导开展"大成智慧学研究"，这正是对中国传统智慧的发扬。

本书的作者，试图从自己阅读过的《道德经》、《毛泽东选集》、《相对论》、《时间简史》、《梵高自传》、《武道释义》、《太极拳谱》、《孙子兵法》、《鬼谷子》、《易经》、《金刚经》等经典著作中领悟智慧的真谛，结合自身走南闯北的生活感悟，用简洁通俗的片段式语句解释这些传世之作中的智慧思想，这虽不是严格意义上的理论研究，但也可看成是智慧探幽的尝试。

中国是智慧大国，中华民族的智慧在2500年前就位于世界前列。以老子的《道德经》而论，古往今来已有不少的注解和诠释，各种语言的翻译已遍布全世界。本书作者反复研读、探究老子智慧，将它作为绝学的原理，归结为几大部分：

1．"无"的哲学：无始、无欲、无为、无形、无名、无争、无用、无事、无言、无味、无知、无私、无极等。

2．柔弱与婴儿哲学：天下至柔驰骋于天下至坚、复归于婴儿等。

3．玄德的哲学：生而弗有，为而弗恃，长而弗宰；善者，吾善之；不善者，吾亦善之，德善。

4．守朴、和平与知足哲学：见素抱朴、善为士者不武、知足者富等。

5．谦逊与包容哲学：江海之所以能为百谷王者，以其善下之；容乃公，公乃全，全乃天，天乃道等。

《道德经》中包含智慧学的许多基本原理，从事智慧研究的人，需要深入研究和探讨。

本书中关于数字智道和数字财道的论述，对于财智时代的广大读者修心明道应有所裨益。

是为序。

中国工程院院士、第三世界科学院院士 —— 李圀圭

2016年9月

管理学精华

　　数字化的钟声悄然敲响，人类已经步入了一个新的时代——财智时代。

　　在这个时代，以信息、速度、贴心服务、六西格玛质量、现金流与社会责任等为代表的数字管理理论，冲击着传统管理学，改良着它们的不足，甚至动摇了它们赖以生存的基础。

　　中国的企业要进入世界500强，首先得是管理理论进入世界500强。

　　既往的管理学教程，多是建立在20世纪制造业基础之上的管理理论，近年来也有不少号称发财秘籍之类的应时作品，其出发点较多以研究个体企业或领导者的成功经验为出发点，真正探讨商道和智道的作品太少了，本书是引玉之作。

财智时代是成功者的时代，不成功便难有发言权。

　　因此，总结财智时代的管理理论，主要不是提出作者个人的观点，而是客观地从成功者的实践中，乃至从成功者共同的成功经验来总结，由实践来验证。

　　这是一部简洁的作品，简洁是财智时代的标准文风。

　　文稿分成两大部分，前半部分称为"数字财道"，后半部分称为"数字智道"。所希望探讨和阐述的，都是这个时代最基本的规律和法则。

　　数字财道重点研究了八个杰出企业及其代表人物的主要管理精髓，分别是——微软与比尔·盖茨、英特尔与格鲁夫、IBM与郭士纳、通用与杰克·韦尔奇、松下电器与松下幸之助、长江实业与李嘉诚、联想与柳传志、海尔与张瑞敏等，兼顾了部分其他卓越企业与成功人士，如伯尔希克与巴菲特、华为与任正非、阿里与马云的成功经验。

　　作者从商十余年，他结合自身体验，以此书向同行交上了一份探索的答卷。

　　值得一提的是，本书第二部分——数字智道，将我们的国粹略加诠释后向公众予以展示，希望各国同仁能局部了解中华文化的精髓。

　　人生漫漫，让我们携手共进！

中国"十大女杰"、梦兰集团董事长 —— 钱月宝

目录
Contents

数字财道 —————————————— 001 — 089

数字智道 —————————————— 091 — 177

数字财道

TAOISM OF
WEALTH IN THE
DIGITAL ERA

|一| 信息论

信息就是财富
是一种无形证券

在数字化时代
信息是高速流动的
财富也是高速流动的

比尔·盖茨认为：
您怎样搜集、管理和
使用信息将决定您的输赢

中国古代军事家孙武认为：
知己知彼，百战不殆

一代伟人毛泽东认为：
没有调查，没有发言权[①]

信息如此重要，什么才是信息？
数学家克劳德·香农的定义是：
减少不确定性！

因此，我们可以推论：
控制信息，尤其是精确的信息
就减少了决策的不确定性
从而通过科学的决策
控制了成功

|二| 速度论

速度就是实力
是现代企业的一种基本素质

英特尔创始人安迪·格鲁夫认为：
一个十倍速时代已经来临
我们的成功和失败都将以十倍速的
节奏进行

朗讯技术公司董事长
理查德·麦克金的观点是：
要么高速前进，要么失败
这个结论恰恰跟
"超速危险"相反

企业的速度包括多方面
诸如：
决策的速度、研发的速度
市场开拓的速度、客户服务的速度等

更重要的是：
如何有效地搜集、管理和
使用信息的速度

《孙子兵法》讲：
兵贵胜，不贵久

商战与兵战同道

|三| 速度相对论

速度是相对的
是要因人、因事、因企业
而具体对待的

对弱小企业而言
尤其是对国内经济现状而言
在某些时期，某些地区还无法
做到一个国际化企业所要求的
那样——速度至上

为此，柳传志提出了他的
"拐大弯"论：
中国的事情要顺势而为
不能强来，不能急。……
看准目标，然后拐大弯
拐急弯容易熄火

毛泽东同志在其政治遗言中
也突出强调：慢慢来，不要招(着)急②

太极拳的基本拳理是：
缓慢、缠绕、无为而动

欲速则不达
钱不入急门
稳健、忍耐、持久
是中国企业家尤其是处于
初创阶段的企业家
需要专门修炼的一项本领

| 四 | 不可胜论

企业家首要的任务
是避免失误……
少犯错，少失误

这个并不很引人注目的观点
来自于日本的经营之神——
松下幸之助

作为企业运营的核心理念之一
《孙子兵法》有着异曲同工的论述：

昔之善战者
先为不可胜，以待敌之可胜
不可胜在己，可胜在敌

企业的成功往往来自于自己的
不可胜以及别人的失误

世界围棋名将——韩国的李昌镐
正是秉从这样一种理念无敌天下：

多出妙手，不如减少失误
下围棋是一个马拉松式
战胜自我的过程，不能在等待中忍耐
将不能取胜

简言之，不可胜者不败

|五| 用兵贵一论

众所周知，联想有个著名的管理
三段论：**建班子、定战略、带队伍**

这归结为一句话其实就是：
企业要成为一个人或者是
用兵贵一

开大周800年天下的"尚父"——
姜太公曾总结过一句话兵法：
凡兵之道，莫过乎一

姜太公按照这样一种兵法训练出
一支"四万余人如一人"的队伍
击败了七十余万纣王军队，创造
了以弱胜强的牧野之战辉煌战例

IBM的重新崛起得益于总裁郭士纳：
"保持公司的完整性并且确保公司
不分立"之一体化经营思想

海尔张瑞敏强调：**向西点军校学习**

我们有充分的理由认为在职业商场：
一个有分裂的管理层或宗派林立的
企业不可能成为数字化商战的
劲旅

|六| 抓好一件事论

海尔张瑞敏一直信奉这么
一句话：**每天只抓好一件事**

"只抓好一件事"背后其实
隐含了另一句话——"不抓好两件事"

在企业管理或市场运营中
抓好一件事或歼灭一个竞争对手
的作用常出乎一般人的意料之外

毛泽东在军事上明确指出：
歼灭战，则对任何敌人
都立即起了重大的影响
对于人，伤其十指不如断其一指
对于敌，击溃其十个师
不如歼灭其一个师③

前苏联的领导人列宁认为：
重要的不是去战胜敌人而是
消灭敌人④

所以麦当劳公司的创始人——
雷·克罗克曾幽默地说出这句话：

当你看到自己的竞争对手
快要淹死的时候，应该赶快抓起
消防水龙头放到他嘴里

|七| 服务论

IBM就是服务！

这句口号已经响了数十年
它是IBM企业文化的精髓

关于企业与客户的关系
不同的人、企业有不同的提法
如：客户是你的上帝
客户是你的衣食父母（海尔）
客户是你的首席执行官（思科）
为客户服务是华为生存的唯一理由

一句话
客户是企业的命脉

"把我们的手指搭在客户的脉搏上"
思科总裁兼CEO约翰·钱伯斯
如此描述公司与客户的关系

IBM中兴之主郭士纳临危接任
在背负160亿美元亏损的情况
下作出：
"一切以客户为导向……
坚决以客户为中心" 的战略决策
从而使IBM迅速恢复成一个九年内股价
上涨了十倍的头号IT服务集团

把客户作为您的恋人吧
您将得到双倍的回报

|八| 质量论

质量是企业的生命

在数字化时代
质量本身也成为可以量化的指标

通用电气前CEO杰克·韦尔奇
是六西格玛管理的积极倡导者
它代表着质量管理的最新潮流：

1西格玛=690000次失误/百万次操作
2西格玛=308000次失误/百万次操作
3西格玛=66800次失误/百万次操作
4西格玛=6210次失误/百万次操作
5西格玛=230次失误/百万次操作
6西格玛=3.4次失误/百万次操作
7西格玛=0次失误/百万次操作

对杰克·韦尔奇钦佩不已的张瑞敏
同样对质量抱有坚实的理念：
要创出品牌
最关键的就是要提高产品质量

为国际广泛认可的ISO9001
国际质量体系论证，基本原理之一就是：
用户的满意度
与用户的忠诚度是紧密联系的

因此，一般来讲，企业或产品的质量
是与客户的质量与数量成正比的

|九| 诚信论

信誉就是品牌

长江实业创始人李嘉诚
视品牌如生命，他说：
信誉是我的第二生命
有时比我的第一生命
还重要

杰克·韦尔奇也认为：
在所有的品质当中，诚信最重要

张瑞敏则认为：
信誉是企业的灵魂……
海尔要：真诚到永远

柳传志提倡的是所谓的"正气"：
联想的干部，必须
堂堂正正，光明磊落

大哲学家老子则提出了
更高的诚信标准：

信者吾信之
不信者吾亦信之
德信

这自然是诚信的最高境界

|十| 洞察力论

洞察力体现一个人对事物本质
或发展趋势的预见和把握

是一种天赋或长期培养起来的
直觉与透视力
所谓：**行家一出手，便知有没有**
眼光决定财富

比尔·盖茨在总结其成就
最关键的原因时，归结了两条：
其一，是运气
其二，是最初的远见

远见就是洞察力

北大方正创始人王选院士
有着同样的经历，他在大学期间
学习并不突出，他的成功
多来自于洞察力的辅佐：
在我的一生中，每到一个
关键时刻，似乎都有一种
洞察力帮我选择正确的方向
这个洞察力是我一生中最占
便宜的一种能力

甚至，截拳道创始人李小龙也非常
推崇洞察力：

洞察力方可解决所用的问题

| 十 | 一 | 应变论

十倍速竞争
十倍速应变者生存

英特尔创始人安迪·格鲁夫认为：
从广义上说，一个公司的成败
取决于其适应变化的能力

他富有远见地指出：
那些特别成功的人常常
容易自满
但是，环境一改变
这种公司的反应是最慢的

比尔·盖茨则认为：
一家公司应付突发事故的能力好坏
直接反映了其竞争实力

数字化时代是十倍速变化的时代

变化是每一天甚至每一刻
都可能突然发生的

您或您的企业具备了应对
突然、连续发生意外事件的
能力了吗？

|十|二| 物美价廉论

价格是一种重武器

IBM中兴之主——郭士纳正是
借助这一武器重新赢得了市场：
可以明确地告诉大家
IBM的主机——包括软件和硬件的价格
将下调，而且是快速下调……
正是该计划拯救了IBM……
尽管价格并不是IBM求生存的
唯一理由，但是如果我们没有在
关键的时候走价格这招险棋，这一切
都不会发生

比尔·盖茨在总结其MS-DOS软件销售
名列前茅的原因时，归纳出三种妙诀
分别是：
一、使MS-DOS成为最好的产品
二、帮助别的公司编写以MS-DOS为基础的软件
三、确保MS-DOS价格便宜

爱迪生如此推销他的用电照明：
用电照明会变得非常便宜
只有钱用不完的人才会
买蜡烛

马克思在《共产党宣言》中明确指出：
商品的低廉价格
是它（资产阶级）用来摧毁一切万里长城
征服野蛮人最顽强的仇外心理的
重炮⑤

|十|三| 世界第一、二论

赢家
一定是那些坚持第一或第二
最灵巧、低成本、高品质和服务的
全球性供应者，或是那些有明确的
科技优势，在他们自己的领域里
有明确优势的公司

杰克·韦尔奇如此提出他的全球
领先论

海尔是一个力争要做到世界500强的企业
张瑞敏这样表达他的王者意识：
在企业起步阶段
先集中精力做好一个产品
将这个产品做精、做响
争取在本行业中"不是第一
也是第二"，等到这个产品做好了
牌子响了，再利用品牌的"扩散效应"
涉足其他领域

《硅谷的秘密》是中科院计算所徐志伟
研究员的沥血之作，他深有感触地写道：

在与硅谷的朋友交谈之中
作者时时得到一个强烈的印象
就是硅谷的人们都在瞄准
"世界第一"

|十|四| 谦虚论

树大招风
保持低调

李嘉诚先生如是说

联想控股公司创始人、饱经风霜的
柳传志在交班时也颇有感触地
吐出了三个字：
要谦虚

谦虚是个老话题
在东方，谦逊有着特殊的作用

《易经》中的"谦"卦曾
如此描述：
劳谦君子，万民服也
谦谦君子，卑以自牧

《道德经》中对谦逊的描述如下：
江海之所以能为百谷王者
以其善下之……
是以圣人欲上民，必以其言下之
欲先民，必以其身后之
……
富贵而骄，自遗其咎

一个数字化时代的黑马企业——
业之峰（集团）公司则提出了
更富有创造力的口号——
二人行必有我师！

|十|五| 创新论

创新就是超越自我和时代

松下先生在总结其成功之道时
将创新列为主要的因素之一：
企业必须通过创新维持生存

比尔·盖茨也是创新的推崇者
他认为：
成功的公司不能创新的倾向
无非是一种倾向而已
如果你把精力过于集中于
当前的业务上，就很难变革
和刻意创新
微软的目标就是：
通过不断创新
使微软公司能保持其领先地位

那么，怎样才能有效地实现创新呢？
许多专家都认为交叉学科/交叉领域
的发展是创新之路，如方正创始人
王选院士认为：**在我生病过程中**
我做了一生中最重要的一个决定
就是从硬件跨入到软件
做两者结合的研究

按照这样一个原理推论：
那些从事交叉行业运营如"鼠标加水泥"
或者利用在一个领域获得的经验
兼顾另外一个领域发展的企业
容易取得创新的成果

|十|六| 素质教育论

著名的"钱学森之问"——
2005年7月29日，钱学森向时任总理温家宝进言：

现在中国没有完全发展起来
一个重要原因是没有一所大学能够
按照培养科学技术发明创造人才的
模式去办学，没有自己独特的创新的东西
老是"冒"不出杰出人才。这是很大的问题

2010年5月4日，时任总理温家宝在北大
谈及钱学森对他讲过的两点意见
一是要让学生去想去做那些前人
没有想过和做过的事情，没有创新
就不会成为杰出人才
二是学文科的要懂一些理工知识
学理工的要学一点文史知识⑥

哈佛大学校长——普西认为：
一个人是否具有创造力，是一流人才
和三流人才的分水岭

美国副总统拜登，批评、贬低中国：
我敢说，你们说不出任何一项创新项目
创新变革以及创新产品是来自中国

因此，要想真正做到创新，就必须挑战
权威；要扬我国威，务须加强素质教育

诚如，习近平主席所言：
自主创新的基础在于素质教育⑦

|十|七| 微积分论

天下大事必作于细
天下难事必作于易

中国道家的开山祖师——
老子于2500年前清晰
地提出微积分原理：
合抱之木，生于毫末
九层之台，起于累土
千里之行，始于足下

张瑞敏深谙老子之道
并将海尔成就归之于点滴积累：
我们是一点一点干出来的……
一小步一小步地跑
才能有大的进步

无独有偶

香港兆峰集团主席李兆峰
也同样深有感触：
成功得益于做点滴小事

每天一小步
成功一大步

圣人不为大
终能成其大

|十|八| 市场中心论

联想的发展模式是中国高科技
企业乃至新创企业的成功典范
即——**贸工技**

IT领域经过三十余年的艰苦竞争
和发展，证明在企业的起步初期
是以贸易起家或以市场为主导
推动着企业的健康成长

IBM前董事长郭士纳提出类似的
观点：**市场决定我们的一切行为**

"世界第一CEO"杰克·韦尔奇
将通用定位为：
**通用从来就是一家全球性的
贸易企业**

企业以市场为中心的意义在于：
创业者尤其是技术并不领先的
企业，最初往往不清楚市场
到底需要什么，管理也不专业
常常寄希望于"一招鲜吃遍天"
初衷一旦没有达到，企业即丧失
营利能力，迅速进入恶性循环

因此，一般而言
市场运营的本领是核心竞争力之首

|十|九| 福祸相依论

危机意识是一个企业家或者
一个职业武士的职业意识
即：**如履薄冰，战战兢兢**

安迪·格鲁夫在他的《只有偏执狂
才能生存》一书中，如下写道：
企业繁荣之中孕育着
毁灭自身的种子
你越是成功，垂涎三尺的人就越多
他们一块块地窃取你的生意
直至最后一无所余

比尔·盖茨积极地认可并拥护
安迪·格鲁夫的这一观点，他
在《未来时速》一书中描述道：
询问任何一个在微软工作过的人
他都会告诉您，如果我们有一个优秀
品质的话，那就是我们始终认为
自己是失败者

海尔的张瑞敏也专门著文：
永远的忧患意识……
没有危机意识和忧患意识就
不配称为现代企业家

多少的失败起因于安乐
前事不忘，后事之师
告别过去，谨慎至微

这句话仍然是数字时代的
财智箴言

|二|十| 倾听坏消息论

比尔·盖茨主张：**有时我认为**
我作为首席执行官最重要的任务
就是倾听坏消息

坏消息就是最新的
对企业最有冲击力的变化

它对企业的影响远远超过了
好消息的作用

英特尔的安迪·格鲁夫则更清晰地
看到那些对祸患临头一无所知
的老板的现状：
中层经理，尤其是那些与
外界频繁打交道的人，比如销售
人员，通常是意识到规则变化的
第一人。……
高层领导人有时直到很晚才明白
周围世界的改变——
老板则是得知真相的
最后一人

不要隐瞒坏消息——
我讨厌意外之事
IBM公司前董事长郭士纳如是说

对数字化时代从事具体工作的职员
来讲，及时准确地报告坏消息
是否应该成为主要任务之一呢？

|二|十|一| 全球经营论

IBM前董事长郭士纳认为：
一个人不可能仅仅坐在办公室里
就可以成功地管理好自己的企业

这是他在IBM公司担任CEO九年间
都坚持四处走访客户的原因所在：
此间，我的飞行里程达到了100万英里
并会见了无数IBM的客户

索尼的创始人——盛田昭夫也是
一个全球漫游的支持者，他写道：
据大致估计，至1986年底为止
我乘飞机的总距离，可以绕地球
140周

一百多年前的马克思，对这种现象
早就做了非常理性的分析，他在
《共产党宣言》中这样论述道：
不断扩大产品销路的需要，驱使资产
阶级奔走于全球各地
它必须到处落户，到处开发
到处建立联系[8]

看来要成为企业家首先要
做好成为全球旅行家的准备

|二|十|二| 偏见论

偏见是一种主观的自我意识
它游离于客观和智慧之外

"学历和名牌"便是其中之一

杰克·韦尔奇最初总是喜欢
选择麻省理工、普林斯顿等
大学的研究生。后来，他慢慢
发现：**从哪个学校毕业并不
能决定他们有多好**！

实际上，一些跨时代的天才
往往并没有受到过多少正规
的教育，如：**比尔·盖茨
毛泽东、泰戈尔、爱迪生等**

真正的实用就是不拘形式
企业用人务必不拘一格

盛田昭夫曾出了一本书——
《学历无用论》，观点有点
偏激但并不妨参考：
**我们公司（索尼）在雇用新职员时
采取的就是一律不看学历的方针
相互之间，只凭实际能力、工作成绩
或发展潜力进行评价……**

**我坚决主张，社会应当
身先士卒，不论学历**

|二|十|三| 自胜者强论

2002年春
纽约曼哈顿百老汇大街1356号——
格林威治储蓄银行大楼
被刻上"海尔"的名字
成为令世界瞩目的——"海尔大厦"
一座有77年历史的标志性建筑从此
飘扬起了代表中国的"海尔"旗帜

在此次盛会上
更让人深省的是张瑞敏的发言：
**"海尔"人有一个原则，那就是
再美丽、再辉煌的脚印也只能
属于过去……十多年来，海尔
就是保持这种心态，不断战胜
自我、超越自我，抓住每一次
可发展的机会，海尔今天才可能
站在这座大厦里！**

战胜自我是一件多么困难的事情
所以老子讲：**自胜者强**

**"股神"巴菲特强调：我很理性，许多人
有更高的智商，许多人工作更长的时间
但是我能理性地处理事务。你们必须能
控制自己，别让你的感情影响你的思维**

记得有人曾问过这样一个问题：
最坚强的人是什么样的人？
答案是：**能控制自己欲望的人！**

|二|十|四| 赚钱论

不赚钱的事情不做！

这句话在联想形同宪法
决定着联想经营的主格调

我们国家处在市场经济的转型期
关于企业成立与经营的基本意义
很多时候还有着明显的似是而非
的说法，诸如以发展高科技、民族
产业等名义忽视企业利润

很多情况是将手段当成了目的

比尔·盖茨在其第二本著作
《未来时速》中一针见血地
指出：
信息技术的目的就是赚钱！

松下先生对于赚钱抱着同样的
观点，他认为：
经营没有获得利润
可以说是因为它对社会贡献太少
或是没有完成它所负的使命……
同时经营者正当利润的一部分
是上缴国家的税金，不赢利
当然也就无法纳税，这也是不道德的

不赚钱，就不要兴办企业！

|二|十|五| 社会责任论

松下幸之助，认为：

经济，就是最大的政治

政治，就是最大的经济

马云，则深刻总结了阿里和淘宝

成功之根本原因，提出：

在21世纪，所有的企业都必须是

解决社会问题的，假如我们不能解决

社会问题我们就不能持久，……什么东西让

我们阿里巴巴持续发展20年，只有一样东西

就是我们找到一个社会问题

并去持久解决它、改善它

浙江宇翔生物科技公司董事长张宗华，领悟道：

在中国做企业必须看政策，不与政府对接

路肯定走不通

华熙国际投资集团，在"企业宗旨"中

明确宣称：责任，立身之保证——

员工有岗位职责，企业有社会职责。只有尽责

方为敬业，只有敬业才能乐业。员工乐业

企业尽责，华熙才会稳固发展

因此，马云固执地坚持：

不能为社会解决问题的企业称不上伟大

|二|十|六| 精兵布置论

商战如兵战
如何布置你的兵力决定着
战争的命运，关乎决策者的水平

作为一个长期发展尤其是准备
成长为跨国公司的企业，在**研究
开发方面的兵力布置是万万不可**
忽视的，最大的误区之一就是**将
优秀的人才从技术或市场的一线
选拔到并不是唯一重要的管理
岗位**

研发带来的服务是无法估量的
巴黎公共交通运输公司战略、研究和
合作经理吉·布鲁瓦如是说

微软，正是从IBM公司的人力布置
不当中发展起来的

比尔·盖茨如此看待IBM早期的软件
开发障碍：**IBM是这样了不起的公司
为什么在开发个人计算机软件
方面遇到这样多的困难呢？**

答案之一是IBM大量提拔
优秀的编程人员进入管理层
结果留下一批平庸之辈！

|二|十|七| 旁观者清论

当局者迷，旁观者清

当一个企业面临十倍速的竞争
挑战或其他十倍速突变因素
进入战略转折点的时候：
客观和冷静便是一剂摆脱困境
进入另一个发展佳境的良药

所谓"事不关心，关心则乱"
这时现有的管理人员要想能继续
正确管理企业，必须从旁观者
的角度来客观地看待形势或者
干脆由企业之外的人接任其领导职务

英特尔的安迪·格鲁夫认为之所以
这样做的原因在于：
外来的新领导未必比原来的领导
精明能干。他们只有一点优势，但
这至关重要：和那些一生为公司效力
对公司的点点滴滴都牵肠挂肚的人相比
这些新经理不存在情感上的难题，因而
更能不偏不倚地做出决策

只有一改故辙，才能柳暗花明
要么换思想，要么换新领导
这个命令就叫做：**让混乱统治一切！**

|二|十|八| 现金流论

现金流不能中断！
这是我从商十余年来感触
最深的财智箴言之一

IBM前董事长郭士纳也特别
强调现金与现金流的重要性：
现金在一家公司中具有十分
重要的意义——"自由现金流量"
是衡量一家公司是否健康发展
以及公司绩效高低的一个最重要的指标

经历过巨人大厦风波的史玉柱
对现金流的认识深入骨髓：
企业没有现金，就像人没有血液一样
没法生存。一个星期之内，巨人迅速地
垮了，并欠下了两亿元的债务，从休克
到死亡，过程非常短

其实，现金如同战争中的粮草
兵马未动，粮草先行
正如拿破仑所言：**军队是靠肚子打仗的**
刘邓大军在总结其军事经验
的时候认为，**战争中最困难的**
事情并不是作战，而是寻找粮草

科学做到顶也得满世界找钱
这是一位来自华尔街的金融家
由衷的感叹

|二|十|九| 现在关键论

现在才是关键
最重要的是在眼前

这是当红歌星张惠妹的
一句歌词

其实岂单是感情
企业和工作又怎能例外

通用前CEO杰克·韦尔奇
引用了一位人力资源官员所说
的一句话，表达了他在发展过程
中遭遇和面对现实的深刻认识：
无论过去的你多么辉煌，最后的
胜出才是一切，上下级的关系才
是一切，现在才是一切，时刻警醒！

"股神"巴菲特是个非常现实的人：
我是个现实主义者，我喜欢目前自己
所从事的一切，并对此始终深信不疑
作为一个彻底的实用现实主义者，我
只对现实感兴趣，从不抱任何幻想
尤其是对自己

一丝幻想都将阻碍你的成功
一切从实际出发
这个实际首先是今天
现在和脚下

|三|十| 俭朴论

老子有句话叫做：

治人事天，莫若啬

意思是说：管理国家、保健身体
最重要的是要懂得节俭（精力或
金钱）

《易经》曰：

礼过乎谦，丧过乎哀，用过乎俭

治理企业也离不开一个"俭"字

李嘉诚是这方面成功的楷模
松下也不落后

李嘉诚一套西服穿十年八年是
很平常的事，皮鞋坏了，补好了
照样穿

**最让人感叹的是一块几十元的
手表戴了二十多年！**

|三|十|一| 决心论

决心就是决定前途的信念
它是一个企业家或统帅在前途
看来尚且渺茫时，就作出决策
获得成功的主要原因之一

无论松下幸之助还是格鲁夫
都将决心和果断地决定
视为优秀企业家的职业素养

松下认为：
经营者应以意志力和决心
来贯彻自己已定的方针、政策和原则
在企业经营上，经营者能不能贯彻意志
果断地下定决心，往往是影响事业成败
的基本因素……
及时而果断地下定决心，是领导者发挥
本身意志力的重要手段

格鲁夫认为，企业管理尤其是危机中的
企业管理，是极端个人化的事情……
是一项在艰巨而又前途未卜的情况下
必须下定决心、勇往直前、直取目标的任务

正如"股神"巴菲特在总结其经验时指出：
成功的投资在本质上是内在的独立自主的结果
精神的力量是如何也不能低估的
在很多情况下，决心决定一切

|三|十|二| 活力论

截拳道宗师李小龙认为：
一旦受过良好的训练的学生
在各方面均应能生动与
有活力

企业也是如此
一个优秀的企业或者
数字化企业也同样应该在
任何情况下都充满着活力

张瑞敏对海尔和海尔的员工
要求：**永远的活力。……**
重要的不是个别人、一部分人
而是全体人员，即每一个细胞都
充满了活力才行。因为，每个人
都具有不可估量的能量

我们不妨可以分成几个部分来
检查企业的活力指数：
总经理、部门经理、员工等

你的活力指数甚至可以直接影响
到你的客户或读者

企业的负责人、人力资源主管
您注意和检测了您企业每天的
活力指数了吗？

|三|十|三| 正直论

《易经》中有一句话叫做：
直方大，不习无不利
大意是说如果一个人正直
方正、宽大，不学习也没有
多大害处

对此，柳传志颇为赞同
他清楚地记得当初因为亲戚
是右派、被取消飞行员资格
情绪低落而影响高考复习时
父亲对他说的一次话：
只要你能够做一个正直的人
考不上大学也没有关系，我们
一样喜欢你

他要求联想的员工：
不管社会环境如何，我们都要
正派地经营，正派地做人……
想做大事情必须得这样

"股神"巴菲特认为：
正直、勤奋、活力
而且，如果不拥有第一品质
其余两个将毁灭你
对此你要深思，这一点千真万确

中国有句古话叫做：
为人贵直
为文贵曲
直人即贵人

|三|十|四| 工具进步论

马克思认为：

资产阶级除非对生产工具，从而对
生产关系，从而对全部社会关系
不停地进行革命，否则就不能
生存下去⑨

而比尔·盖茨和数字化时代的精英们
则推出了更为有效的智力工具——
信息工具，比尔·盖茨认为：

人类的许多进步之所以产生
多半是由于什么人发明了
一个更好的、更有力的工具
……
信息工具是符号式的媒介物
它们扩大其使用者的智力而
不是体力

安迪·格鲁夫认为：

新方法的出现会引发从未料想
过的新的竞争……
新技术新方法能够颠覆旧秩序
改变互补企业对你的影响
甚至使你的旅伴与你分道扬镳

在这个几乎唯一的不变是变化的年代
一个企业领导人必须时时关注
并适时创造生产工具的变化

|三|十|五| 专注论

唯有专注，才能专业

朝鲜有句谚语：
要挖井，专注一口

马克·吐温认为：
只要专注于某一项事业，就一定会
做出使自己感到吃惊的成绩来

数字化时代，企业会经常地
突然面临战略转型期

这时需要面对的主要问题之一是：
是投入全部精力向一个明确的战略
目标进军，还是做墙头草，两边观望呢？

安迪·格鲁夫引用了马克·吐温的
那句精辟之言：把所有的鸡蛋都装进
一个篮子里，然后看好那个篮子

格鲁夫认为：要达到死亡之谷的彼岸
就只有专注于某一个方向，以最快的
速度奔跑。他最为反对的是原地不动
路径选错了，固然会导致死亡
但是，大多数公司的死亡，并
不是由于选错路径，而是由于三心
二意，在优柔寡断的决策过程中浪费
了宝贵的资源

|三|十|六| 布置与跟踪论

在杰克·韦尔奇的管理理念中
有很重要的一条是：
布置任务后不断跟踪工作进展
以保证任务顺利完成

松下幸之助也抱有类似
的管理观念，他认为：
火箭发射出去，如果没有追踪系统
无疑是一种浪费，命令的下达
也是同样道理

以向月球或其他星球发射卫星为例
其速度之快、距离之遥，人的肉眼
其实无法观测。但是，如果有好的
追踪系统，几千里、几万里乃至抵达
月球或其他星球表面都能追踪到

人与人之间的关系也是如此。只是
命令、指示或拜托，将无意义
既然下命令，就得追踪到底，这就是
下命令者负责的态度

松下认为：被追究的人是很吃力的，要追究
别人更不简单，彼此都需要有耐心。然而
世人之常情，往往敷衍了事。无论是要追究
别人的，或者被人追究的，都要具备这种决心
和勇气

|三|十|七| 沟通论

郭士纳认为，改变企业危机
的重要方法之一就是：
需要CEO投入巨大的精力用于沟通
沟通、再沟通

这样做的目的是，将公司理解为一个
完整的公司、一个由前后一致的思想
指引的公司。他认为：**如果没有**
CEO多年持续地致力于与员工进行
当面沟通，而且是用朴素、简单易懂
和具有说服力的语言去说服员工
并让他们都行动起来，那么，公司
就不会实现根本的改革

毛泽东在军事上称之为：
艰苦地做细小严密的群众工作

他认为，在第二次国内革命战争时期
有一种错误的单纯军事观点，即：
不顾主客观条件，犯着革命的急性病
不愿意艰苦地做细小严密的群众工作
只想大干，充满着幻想。这是盲动
主义的残余⑩

解决问题的办法之一就是：
上级机关的决议，凡属于重要一点的
必须迅速地传达到下级和党员群众中去 ⑪

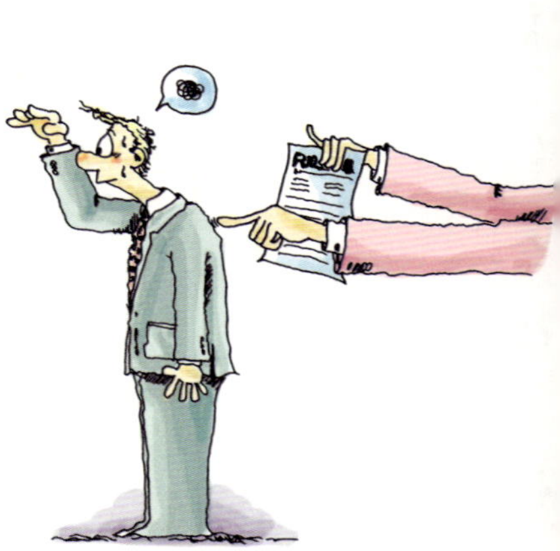

|三|十|八| 听反话论

李嘉诚是一个喜欢听反话的人

他特别关注喝彩声中的"嘘声"

鬼谷子在其兵法实际是"口才经"
中，特别强调听反话的意义：
古善反听者，乃变鬼神以得其情

意思是说：古代善于从反面听别人
说话的人，可以改变鬼神，刺探到
实情

中华民族是一个含蓄的民族，也是
一个喜欢说反话的民族

说反话、听反话对于探听虚实
了解真正的信息是必需的

|三|十|九| 顺其自然论

松下先生认为：**可成必可成，不可成
必不可成，顺其自然地努力，才会皆大欢喜**

人们常常容易犯的错误是
试图将那客观上难以完成之事去勉强完成
于是千方百计地想办法、玩花样，结果是
常造成不平与不满，甚至引起吵架或分裂

这主要是因为人们试图将实际上不可能成就的
事，去根据自己的意愿勉强促成。不可成的事
终不可成；可成之事，终可成之。虽非绝对
大都如此

松下认为：**集中我们的思虑，即可生出大智大
慧。这种一心一意、但求精进的态度，于理必
能有所成**

李嘉诚同样遵循凡事不可强求的道理
他认为：**做生意就要做得灵活，要随着
市场的变化迅速调整战略。每一个行业
都没有永远的赢家，任何事情都有繁荣与
衰退的循环**

恰如，某种内功心法所言：
功蕴于内，不露形貌
以气导力，顺其自然

|四|十| 宠辱不惊论

修身就是修心

《老子》在第十三章中特别讲到了
一般人患得患失的心态：
宠辱若惊，贵大患若身……
宠为下，得之若惊，失之若惊

人生世间，荣华富贵本来就是
过眼烟云。而常人又难以摆脱
这种烟云的控制

张瑞敏非常推崇老子
他要求海尔的员工必须做到
得意不忘形，失意不失态

浮躁是当今的时尚，有多少人
能抗拒与摆脱外界劲风对内心的
强烈干扰

日本空手道的最高境界是：
不动如山，心如古井无波

这也是企业家的最高境界

|四|十|一| 股票期权论

股票期权是企业发展、焕发员工动力的
一个重要杠杆
它使得企业的骨干和主要员工
部分享有企业的整体权益，能够
增加员工的归宿感、主人翁意识以及
激励他们通过共同努力获得直接收益

比尔·盖茨认为：**微软公司以股票**
期权方式让它的大部分雇员们共享
产权，一直是意义重大和成功的
其重要性和成功超过了任何人的预料
他认为：毫不夸张地说，他们获得了
数十亿价值的增值

郭士纳也非常重视期权的重要性
他在IBM期间对"股票期权项目"做了
三个重大的变革：
第一，首次向数万名IBM员工授予股票期权
第二，1992年，有1294名员工（几乎都是高层经理）
　　　获得了公司的股票期权
第三，九年后，72494名员工被授予了公司股票期权
　　　而且授予非高层经理的股票期权数量是高层经
　　　理所获得股票期权数量的两倍

当然，郭士纳还有一种非股票期权那样的无风险
工具，是通过：**把管理者自己的钱放在公司之中**
使管理者与所有者之间的利益保持一致
这也是IBM公司一个重要的管理哲学

|四|十|二| 提防袭击论

英特尔总裁安迪·格鲁夫认为：
作为一名管理者，最重要的职责
就是常常提防他人的袭击，并把
这种防范意识传播给手下的工作人员

刘伯承元帅在军事上认为：
袭击就是偷偷地接近敌人，给以
不意的打击。游击战争的打法，都是
袭击

他认为：**无论敌人大小部队都可用**
突然的袭击，无论是消灭或消耗敌人
也都可用突然的袭击

从这个意义上讲，他认为：
一切警戒的目的，在预防敌人突然
的袭击……如果我们在行军时遭受敌人的
伏击，在驻止和防御时遭受敌人的袭击
那一定是由于各警戒部队对于各方特别
是侧背，疏于搜索、戒备和警报所致

因此，在实施警戒教育时，应允敌人突然
地伏击与袭击，以便学习人员的猛省
使之深刻了解警戒严密的重要[12]

在商业上，我们认为多数的袭击来自于
竞争对手、风险投资企业或企业内部
自身分裂出来的竞争力量

|四|十|三| 求将论

千军易得，一将难求

IBM前总裁郭士纳之所以能在危机
关头、在没有相关技术背景下
出任IBM首席执行官

是因为当时的猎头搜索委员会
确立了一个良好的物色原则：
最重要的就是，这个人必须是
一个经实践证明是有能力的领导人——
一个通才和能够驾驭变革的人
而实践再次证明郭士纳恰恰
就是这样的人

联想的创始人柳传志认为：
联想要发展，最缺的是对市场
运作规律、企业管理规律有
深刻认识的领导人物

人才是成功之本
是企业之本
是发展之本

松下认为：
小企业创办初期，资金短缺
在所难免，最重要的不是资金
而是有经验的人才！

政治领域也不例外

|四|十|四| 苛刻论

在杰克·韦尔奇的管理理念中
有一条就是：**确立苛刻的目标**

这个苛刻的目标大致可以分为
两个方面：**一是所从事业务在
世界范围内不是第一、就是第二
另一条是对做不到上述目标的
行业、业务或公司，坚决地、不
带任何感情情分地"整顿、关闭
或者出售"**

所有杰出的企业家无不是
要求苛刻的人

如：柳传志认为做企业
或者做计划就得像打桥牌
**一样，叫多少分就得
打多少分**

张瑞敏坚持认为：
有缺陷的产品等于废品

可以不过分地说

严师出高徒
严总出名企

|四|十|五| 忍耐哲学

多少成功来自于忍耐
多少失败失之于忍耐
《金刚经》一言以蔽之：
一切法无我，得成之于忍

索尼公司董事长盛田昭夫
认为：**一个经营者**
最重要的素质莫过于
忍耐力和理解力

物理学大师、相对论的创立者
爱因斯坦也清楚地意识到忍耐
的作用，他在74岁时说：
我现在很清楚了，我并没有特别
高的才能。在好奇、求知欲
忍耐、固执和自我批评的带引下
找到了我的理论

李嘉诚在实力不足的情况下
曾20年未与主要竞争对手——
置地交锋过，可见其忍耐
力量之强

要成为武学和禅学的宗师往往
需要九年面壁的修炼
老子说：**大器晚成**
这和"天下大事必作于细"
的道理都是一样的

|四|十|六| 稳健论

稳健是很多企业家成功的
经营风格

从李嘉诚、柳传志、王文京到
远大空调，无不秉从稳健的经营
作风

李嘉诚的座右铭是：
发展中不忘稳健
稳健中不忘发展

柳传志也是如此
四通总裁段永基曾这样评价
柳传志：
总是想清楚了再干，这种思维
方式在以前确保联想稳健发展
也使柳总个人度过许多大风大浪

小平同志提出对外关系指导方针时
也郑重讲过如下观点：
冷静观察、稳住阵脚
沉着应付、韬光养晦
善于守拙、决不当头
有所作为……⑬

谨慎行得万年船
稳健开得百年店

|四|十|七| 功成身退论

老子说：**功成身退，天之道也**
懂得功成身退是一种智慧
懂得何时功成身退则是
一种智慧的艺术

柳传志是国内企业家在这方面
的佼佼者，联想的交班、杨元庆/郭为
的顺利成长与柳传志关于接班人
问题的深刻认识是分不开的
他认为：**接班人的问题，要**
早做考虑。……杨元庆今天干得
这么自如，原因是在他还没有接
班时，我就放手让他干，而我则
在一边看着

《华为基本法》中明确规定：
高、中级干部任职资格的最重要一条
是能否举荐和培养出合格的接班人
不能培养接班人的领导，在下一轮任期时
应该主动引退。仅仅使自己优秀是不够的
还要使自己的接班人更优秀

通用电气的前董事长雷吉与杰克·韦尔奇
的交接也非常成功，杰克几乎什么事都与
雷吉商量：**多年来我给雷吉打了很多电话**
尽管在我成为CEO的时候他离开了董事会
但我的任何一个重大举措
都要事先告诉他

张瑞敏非常推崇松下
他对松下体验最深的就是
水库哲学：**要蓄势**
只有蓄势，才有更大的
冲击力

孙子、庄子、老子、鬼谷子都是
蓄势哲学的倡导者

庄子说：
且夫水之积也不厚，则其负大舟也无力……
故九万里则风斯在下矣
而后乃今培风；……
而后乃今将图南

老子说：
重积德则无不克

孙子认为：
故善战者，求之于势，不责于人
故能择人而任势。……
故善战人之势，如转圆石于千仞之山者
势也

如同物理规律一样
没有足够的势能
就不可能产生强劲的
动能

|四|十|九| 热情论

兴趣是最好的老师

.

当你在商场拼杀多年以后
你会发现你所能从事的行业
往往是你喜欢或擅长的专业

因为热情是克服困难的
主要动力

以微软为例，在企业创业的初期
困难在所难免，压力自然很大

可是，总的说来比尔·盖茨和他的
同伴充满了信心和乐观精神，原因在于：
他对他的同代人（与计算机同龄的人）
将能做到的一切：
充满了热情

郭士纳也抱持同样的观点
他说：**永恒不变的是我们永不**
熄灭的赢得市场的热情

热情的火焰照亮
企业的前程

|五|十| 火警公司论

英特尔的安迪·格鲁夫认为:
谁也不能预料下一次火灾
将在何处发生

因而计划的制定应该仿效
火警公司

要做的事就是组建一支精力
充沛、效率很高的队伍,使之
能够像处理普通事件一样处理
意外事件

危机意识+职业队伍
决定企业的生死存亡

正像党内流传的那句名言那样:
政治路线确定之后
干部就是决定的因素⑭

|五|十|一| 面无表情论

老练的对手会从你的表情中
看出你的图谋

因此，职业截拳道选手应该
"面部不带任何表情"地
突然以神速发动袭击
截拳道宗师李小龙如是说

杰克·韦尔奇如此描述他的
前任——雷吉：**一如既往地
保持着没有表情的面孔**

他从不给别人任何暗示：
我们究竟回答得好不好

世界围棋名将、号称"石佛"
的李昌镐，同样是以一张
**永远不变黄色的脸征服了不知
多少顶尖高手的心**

没有表情通向
心如止水

|五|十|二| 人和论

和气生财

天时不如地利
地利不如人和

李嘉诚是一个非常重视
"人和"的人：**多交朋友**
少树敌人

所谓：多一个朋友，多一条路
多一个敌人，多一堵墙

李嘉诚这样解释公司与员工的关系：
企业就像家庭一样，一点也不夸张
每个员工都是必不可少的一员

企业应该多谢员工，因为不是企业
养活了员工，而是员工养活了企业

在回答与汇丰银行、地铁公司之所以
合作成功的原因时，他说：
其中没有秘密可言，但我觉得，顾及
对方的利益是最重要的……占小便宜
的不会有朋友……经商也是这样

柳传志认为企业里面要多一点湿润的
气氛，这种气氛就是：**和气**

|五|十|三| 客观论

松下最为敬佩的企业家是
通用汽车的前董事长——史龙
认为他是最伟大的企业经营家

史龙一生有许多朋友，但在公司
内却没有一个朋友

对此，史龙解释说：
最高经营者的义务在于客观而且公平……
必须绝对宽容不能计较工作的方式，
更不能有主观上的好恶。唯一的基准，
就是对方的业绩和为人。如果公司的
负责人和公司的某人有私人交往，
就难免会有偏袒，至少外界的人会以
怀疑的眼光来看，所带来的影响远比
其他因素深刻。孤独，保持距离拘泥礼仪，
每个人都不愿如此，而我自己又何尝
不是这样呢？
但我有义务不得不这样做

"转会费"高达10亿的"打工皇帝"——
唐骏提出了避免办公室政治的
"圆心理论"：
公司所有的员工都是在圆的周边
我在圆心。我和每个员工的距离
都是等距离的。这是最简单的
距离，也是最艺术的
距离

|五|十|四| 慎于首战论

历来的兵家基本上都很注重
首战，秉持——"**慎于首战
首战必胜**"的原则

张瑞敏同样坚持这样的战略

他认为海尔的产品：
**出世即要领先，争取占据市场
的主动权**……所以，我们采取
了"**慎于首战，首战必胜**"的
战略

毛泽东认为：
第一个战斗的胜败给予极大的影响
于全局，乃至一直影响到最后的一个
战斗。因此……第一，必须打胜
必须敌情、地形、人民等条件，都利
于我，不利于敌，确有把握而后动手
否则宁可退让，持重待机。机会总是
有的，不可率尔应战[15]

第二，初战的计划必须是全战役计划
的有机的序幕。没有好的全战役计划
绝不能有真正好的第一仗。因此在
打第一仗之先，必须想到第二、第三
第四以至最后一仗大体如何打法，我挨次
的一仗胜了，敌军全局将起如何变化
假若败了，又将起如何变化[16]

|五|十|五| 沉静论

老子曰：

致虚极，守静笃
万物并作，吾以观其复

安详、从容、必志、沉静
是企业家的职业气质和修身
之道

柳传志非常欣赏曾国藩的"静思"：
曾国藩有一点叫"静思"，到一定程度
他要在房间里点一炷香，当香烟袅袅
升起以后，他坐下来静静地把前后的
事情想一遍，应该怎么做和不应该怎么做
"静思"就是总结，就是在找规律，……
我们特别要注意从实际出发，另外一点
就是我们要一眼看到底

孔明说：

非淡泊无以明志
非宁静无以致远

李国杰院士称：

我现在需要的是宁静

所见略同
都是英雄

数字智道

|五|十|六| 无论——无为而治的理论基础

老子认为：

无，名天地之始

有，名万物之母

······

天下万物生于有

有生于无

整个中国的道家体系便是建立在一个
"无"字和"天人合一"基础之上

鲁迅先生认为：

中国根柢全在道教

难道宇宙的起源果真是源于空无
而万物万象则是由"虚无"中
产生的吗？请看佛学/圣经的论述：

观自在菩萨，行深般若波罗蜜多时

照见五蕴皆空，度一切苦厄

　　　　　　——《般若波罗蜜多心经》

虚空的虚空，虚空的虚空

凡事都是虚空 ——《圣经》

问题在于，无中何以生有？
大物理学家斯蒂芬·霍金认为：

"空的"空间充满了虚粒子和虚反粒子

它们被一同创生，相互离开，然后再

回到一起并且湮灭

|五|十|七| 无欲论

修心起于无欲

非无欲，则不能观天下之妙
非无欲，则不能无为

老子认为：
恒无欲也，以观其妙……
不欲以静，天地将自正

佛学亦将无欲作为至圣之法
在《般若波罗蜜多心经》中
如下著文曰：
远离颠倒梦想，究竟涅槃

基督在《圣经》中告诫男人要
葆持自己的精神：
不要将你的精力给妇女

在此基础上，我们体验大哲学家
苏格拉底的人生箴言：
我知道我一无所知
我需要我一无所需

国学大师季羡林先生则
直截了当地指出：
处理人的内心感情就是
压制动物的本能
压制得越多越好

|五|十|八| 无为论

无欲始能无为
所谓：**损之又损以至于无为**

无为并非通常所认为的"不为"
而是**相对于因私欲盲动"有为"**
的"为"——为无为，事无事

无为而无不为——《道德经》

释迦牟尼对无为表现出了同样的认可
他在《金刚经》中有如下论述：
一切圣贤皆以无为法
而有差别
……
一切有为法，如梦幻泡影

李小龙"龙霸天下"，他在武学上的造诣
达到了无为的境界，他认为：
单靠功夫在技艺方面的知识
并不能使一个人成为个中高手
他必须要能深入研究其内在的精神
而这种精神又只有在他思想和生命的
本质达到完全融和的程度时才能求得
这也就是要达到"道"家所谓的无为
所谓无为包括了明心见性，要能让
自己的思想流动，完全不受任何内在的
外在的干扰

无为制有为

|五|十|九| 无形论

老子称：

大象无形

《孙子兵法》将此归为
用兵之化境：
形兵之极，至于无形
······
无形
则深间不能窥
智者不能谋

李小龙亦将此道用之于
武学：
将技巧隐于无形
这是截拳道的看家秘诀
之一

从理论上讲
无形则无信息端倪
无可败也

|六|十| 无声论

老子认为：
希言自然……
悠兮其贵言

意思是说：
少说话合乎自然之道……
神态悠然，沉默寡言

庄子《南华经》主张：
天降朕以德，示朕以默

之所以道家主张要少说话
或无言，是因为道博大平易
难以言说：
下士闻道，大笑焉
不笑不足以为道
　　　　——《道德经》

而且少说话可以养神
也可以避免祸从口出

如《易经》云：
括囊，无咎，无誉

因此，老子主张行不言之教
多言数穷
不如守中

|六|十|一| 无难论

《道德经》主张：

天下难事必作于易……

多易必多难。是以圣人犹难之

故终无难

按照微积分的原理
任何事物都有一个由小到大
由易到难的过程

圣人是不做大事的
大事是小事积累的
必然结果

圣人是把任何事情都
看得很难

所以终究也没有什么难事

《孙子兵法》在军事上认为：

古之善战者，胜于易胜者也

意思是说：
过去善于打仗的人，总是
战胜那些容易战胜的敌人

从薄弱环节寻找突破
故无难

|六|十|二| 无仁论

中国的道家对儒家的
"仁义礼智信"是不屑一顾的

因为"仁"根本不在"道、德"之列
况乎其他？……
夫礼者，忠信之薄，而乱之首也……
失道而后德，失德而后仁，失仁而后义
失义而后礼

老子认为"不仁"便近"道、德"：
天地不仁，以万物为刍狗
圣人不仁，以百姓为刍狗

意思是说：
天地是不仁爱的，尽管万物因它而生
它却无所偏爱，任其自生自灭
圣人也是不仁爱的，尽管百姓均属他
管理，他也无所偏好和情动，任其生死

这个原理与佛家《金刚经》中的
无我相、无人相、无众生相
之菩萨境界是一致的

据此，《道德经》认为：
大道废，有仁义
智慧出，有大伪
六亲不和，有孝慈
国家昏乱，有忠臣

|六|十|三| 无心论

《道德经》认为：

圣人无常心
以百姓之心为心

善良的人我要善待他
不善良的人我也要善待他
这是厚德载物的善

诚信的人要以诚信待他
不诚信的人我也以诚信待他
这是大地一样恒实无欺的信

因此，圣人治理天下人的感觉
像是混混沌沌、韬光养晦
恩怨并不分明

正像《易经》"晋"卦所描述的那样：
君子以莅众，用晦而明

百姓万民其实都在他耳目之中
而圣人总是像对待不懂事的
孩子一样对待他们

（《道德经》原文：**圣人皆孩子**）

|六|十|四| 无私论

无私者成私也

这个道理，老子得自于
天地养育万物的启发
他认为：
天长——苍天久远
地久——大地绵存

之所以这样是因为
以其不自生（不为自己生存）
故能长生

《金刚经》主张：
不住相布施，其福德不可思量
《圣经》讲：
有施散的，却更增添
都是在说无私利人的德业

因此，高明的修身者
应该凡事谦退无争
反而被众人推先
凡事置身于度外反而被
拥为中心

难道不是因为他无私吗？
所以才能够成就他的私心
（《道德经》原文：**非以其无私也**
故能成其私）

|六|十|五| 无争论

老子认为：**上善若水——**
即最上等的善行是像水一样的

水总是善于滋利万物而不
与万物相争

居于众人所不愿意去往的
卑下的地方（居所和心态）
才接近于道

佛家讲：无铮三昧——
无欲无念，与人无争，与世无求
讲的是同样高尚的阿罗汉境界

老子主张：
要居住在卑下的住所
心灵像渊水一样的沉静
给予别人不求回报
说话善于保持信用
做事要量力而行
行动涸溢随时

只有不争
才能没有忧愁
（原文：**夫唯不争，故无尤**）

|六|十|六| 无名论

老子认为：
道恒无名

道可道，非恒道
名可名，非恒名……
吾不知谁之子，象帝之先

这几句话意思是说：
可以说得清的道，不是永恒的道
可以叫得出的名，不是永恒的名
道幽隐不现，存在于天地之先

《道德经》在这里隐含了三重深意：
1. 可以谈论的名字基本上人都
    能够见到、听到或触到，而
    道却游离于人类的感官之外
2. 一切可以说得清的事物基本
    都是暂时的，而道是永恒的
3. 语言并不能表达所有的事物
    道即其中之一

释迦牟尼在《金刚经》中同样认为
佛法不可说：**所谓佛法者，即非佛法……**
如来所说法，皆不可取，不可说

然而，神妙的是
不可道之道却能生天地，成万事：
道生一，一生二，二生三，三生万物……
夫唯道，善始且善成

|六|十|七| 无味论

老子认为：**五味令人口爽**
意思是说吃遍山珍海味容易使人
丧失食欲

因为，道本身是很平淡的
无味也是一种味道
"无"味就是味——"道"

所以，《道德经》主张：
为无为
事无事
味无味

佛经——《般若波罗蜜多心经》
这样描述自在菩萨的禅定与
无感受状态：

无眼耳鼻舌身意
无色声香味触法

无无明
无明尽

|六|十|八| 无盈论

《道德经》认为：

持而盈之，不如其已……

夫唯不盈，故能蔽而不新成

意思是说：

不断地增加，使其盈满而溢出

不如及早地停止……

只有永远地处于不自满的心态

才能勇猛精进，守道不离

《易经》在其开篇的"乾"卦主张：

亢龙有悔，盈不可久也

骄傲自满易翻车

借用萧伯纳的一句名言

形象地来说就是：

人可以爬上最高峰，却不能

在那儿久住

|六|十|九| 无主论

《道德经》认为：
道生万物，德育万物，均为
万物之宗；然而，均秉从万物本性
顺其自然发展，不加主宰

（原文——道生之，德蓄之，……
是以万物莫不尊道而贵德……
生而不有，为而不恃，长而不宰）

因此，高明的管理者应法从天地
做到：
太上，不知有之……
万物归焉而弗为主……
自知而不自现
自爱而不自贵

这些话正合《易经》的"乾"卦
之智慧：

群龙无首，吉也

|七|十| 无知论

老子认为：
民无知是治国之本……
常使民无知无欲……
民之难治，以其知之

要不尚贤（不推崇贤明，使老百姓
不为成为贤明而争名夺利）
要不贵难得之货（不看重那些难以得到的
东西，使老百姓不去做盗贼）
要不显可欲（不显现那些能够引起人们
贪心的事物，使老百姓的心思不乱）

庄子《外篇·马蹄第九》同样认为：
同乎无知，其德不离；同乎无欲，是谓素朴

因此，道家推崇的伟大管理者应该是：
使民众心思淡泊（虚其心）
食物充足（实其腹）
志向浅弱（弱其志）
筋骨强健（强其骨）

以平安、健康为人生之宝
使那些自以为聪明的人
不敢轻举妄动

天下平安无事时，老百姓只是说：
我自然

|七|十|一| 无学论

《道德经》主张:

绝学无忧……
学不学,以复众人之所过

庄子《南华经》附和道:

吾生也有涯,而知也无涯
以有涯随无涯,殆已

意思是说:
人的生命和精力是有限的
而知识和欲望是无穷的
过于钻研各种细枝末节的
学问,必然劳心劳神
离道日远

《圣经》有文曰:

加增知识的,就加增忧伤

因此,不妨推论:
无学而无知
无知而无欲
无欲而无为

|七|十|二| 无穷论

《道德经》认为：
无中生有，绵延无极……
道冲，而用之或不盈……
大盈若冲，其用不穷

庄子《外篇·在宥》认为：
入无穷之门，以游无极之野

意思是说：
道体是空虚无形的，可是无中生有
作用却是无穷无尽

冥冥之中难道不是有个大自然的
生殖之门吗？
（《道德经》原文：
谷神不死，是谓玄牝）

它深远难见
是天地万物的根源

绵绵若存，连续不绝
它的作用又如何
能够穷尽？

（原文：**用之不勤……用之不可既也**）

|七|十|三| "无"用论

《道德经》认为：

有之以为利

无之以为用

（译文——有只是提供给你一定的便利

而真正能起作用的往往是无）

比如，车子只是一个工具

再好的车要有人坐的空间

才能发挥作用

房子也是这样

谈情说爱其实也不能例外

所谓：

距离产生美（空间之"无"）

久别胜新婚（时间之"无"）

李小龙在《武道释义》中

如下阐述对"无"的理解：

空是无法下定义解说的

正如最柔的东西是无法剪断的一般

……

虚空恰恰站在这与那之间

……

虚空充塞在生命中、权力中甚而爱欲中

|七|十|四| 无召论

《道德经》认为:

天之道，不争而善胜，不言而善应
不召而自来。……
天网恢恢，疏而不失

意思是说:
苍天的大道，总是不与万物争夺而
善于取胜，不说话而善于得到回应
不召唤众生而众生自归

李小龙在《武道释义》中如下
阐述其无召之道:

切勿逃脱，奔放自己
毋寻寻觅觅
自会于己最不盼求之时
到来

|七|十|五| 无战论

中国的道家历来是反对战争的
是几乎无条件反对一切战争
和暴力的

《道德经》如下明确论述：
兵者，不祥之器也
不得已而用之
恬淡为上……
善为士者不武

佛学也不例外：
放下屠刀，立地成佛

《圣经》则以匪夷所思的方式
反对暴力：
有人打你的右脸
连左脸也掉过来由他打

印度国大党领袖甘地提倡：
非暴力不合作运动

马丁·路德·金振臂一呼：
非暴力就是力量

可以明白无误地说：
和平就是智慧
和平就是力量

|七|十|六| 无强论

《道德经》认为：

柔弱胜刚强……

强梁者不得其死

意即：强狠霸道的人没有好下场

这可以成为道学的一句箴言

《圣经》同样认同"柔弱"：

恒常忍耐，可劝动君王

柔和的舌头，能折断骨头……

回答柔和，使怒消退

言语暴戾，触动怒气

道家法从自然，认为柔弱是
生机和道的象征：

坚强者，死之徒

柔弱者，生之徒

从大自然的发展规律来看
许多事物发展到强大的时候
便开始走向僵硬衰亡的反面

物壮则老

是谓不道

不道的东西就会
早早消亡

（原文：**不道早已**）

|七|十|七| 无弃论

"不抛弃，不放弃"
一句在电视剧《士兵突击》中
反复出现的名言
概括了一支优秀军旅的团队精神

老子认为：
圣贤之人总是善于救助别人
而没有被抛弃的人
（原文：恒善救人，而无弃人）

永远是善于运用各种事物而
没有被抛弃的不可用之物
他认为这是超尘脱俗的
大智慧

因为善良的人可以用作引导
人们从善的良师
不善良的人可以用作警醒
人们引以为戒的借鉴
不贵其师，不爱其资
即便是聪明绝顶的人也是
糊涂不堪

庄子《南华经》同理呼应：
知大备者，无求，无失
无弃，不以物易己也

无弃是老庄不谋而合的
精深玄理

|七|十|八| 无极论

《道德经》提出的无极之道主要包括
以下三个方面：

1.知其白，守其黑，为天下式

为天下式，常德不忒，复归于无极

意思是说：知道自己的纯洁和辉耀，却安守
于污黑和暗昧，可以成为天下的楷模。可
以成为天下的楷模，永恒的品德忠恒无偏
就能够还归无极的境地

2.世间物性不同、人性各异，有的人积极
有的人消极，有的强壮，有的瘦弱。因此
圣人：要包容万象，涵纳万民，没有极端
过分的措施——**是以圣人去甚，去奢，去泰**

3.重积德则无不克，无不克则莫知其极
莫知其极可以有国，有国之母可以长久……
是谓深根固柢，长生久视之道

无极之道曾对太极拳等拳术的诞生和发展
产生过深远的影响——
如，清代王宗岳所著之《太极拳谱》开篇：

太极者，无极而生，动静之机，阴阳
之母也。动之则分，静之则合

武学大师孙禄堂在其《形意拳学》中则
如下论述其无极拳理：

无极者，当人未练之先，无思无意；无形
无象，无我无他，胸中混混沌沌，一气浑沦
无所向意者也

|七|十|九| 无殆论

道家认为：
在名誉和身体两者之间
什么最重要呢？

当然是后者

在利益和身体之间
哪一个值得积累？

显然也是后者

老子是贵身主义者，他认为：
贵以身为天下，若可以寄天下
爱以身为天下，若可以托天下

庄子《南华经》主张：
贤士尚志，圣人贵精……
道之真以治身，其绪余以为国家

由此，道家恳切地忠告：
甚爱必大费
多藏必厚亡……
知足不辱
知止不殆

可以长久

|八|十| 无事论

老子认为：
要夺取天下一定要
顺其自然而为，为自然所得
按自然法则治理——

以无事取天下……
我无事，而民自富……
事无事，味无味

庄子认为：
淡然无事而众美从之……
相造乎道者，无事而生定

《截拳道》认为：
破坏了谐和与安定，所发展出
的技巧，都属于花巧不实的

道家所强调的无事其实是一种
谐和的氛围，一种静定的情势

要得到天下、达到所追求的目标
就要做到无事，超然、放松

等到有事的时候就无法
得到天下了
（原文：**及其有事，不足以取天下**）

|八|十|一| 无行论

老子认为：**不出户，知天下……**
其出弥远，其知弥少

庄子《南华经》认为：
一心定而王天下……
一心定而万物服

是以圣人不行而知，不见而明

老庄的无行论包含如下深意：
1.大道玄德无过于有无之变
天下万象莫离于有无之化
圣人明道于心，无欲、无为
自然不见而明，无行而知

2.**致虚极，守静笃，万物并作**
吾以观其复……归根曰静，是谓复命
《鬼谷子》认为：养志之始，务在安己
意思是说：修养心志之始，要先安定自己
自己身心安定了，意志才坚定
有了坚定的意志才能有神威
神威固守，才能调动一切

3.不行就可做到相对稳定、稳重
（**行无行……重为轻根**）

4.不失其所者久——
使民重死而不远徙

|八|十|二| 无败论

《道德经》主张：

圣人无为，故无败

老子的无败论有三大要点：

1.慎终如始，则无败事

而民之从事，常于几成而败之

绘画大师梵高认为：

画越到最后关头越危险

毛泽东认为：决战阶段的斗争

是全战争或全战役中**最激烈、最**

复杂、最变化多端的，也是**最困难**

最艰苦的，在指挥上说来，**是最不**

容易的时节⑰

2.不轻敌，轻敌则几丧吾宝

毛泽东总结红军时期军事上的

"左"倾错误并造成红军第五次

反"围剿"重大失败的主要根源

之一就是——轻敌

3.慈祥爱物，不生战事

天将救之，以慈卫之

慈祥、不轻敌、慎终如始

是纵横天下、常胜不败的

三大法宝

|八|十|三| 婴儿论

婴儿论是大智慧的上乘
境界

大思想家莫不赞同婴儿论

叔本华认为：
天才就是赤子

老子
在其仅有的5000余字
81章之《道德经》中
四处提出婴儿观点：

抟气至柔，能婴儿乎？（第十章）
如婴儿之未孩（第二十章）
恒德不离，复归于婴儿（第二十八章）
含德之厚者，比于赤子（第五十五章）

尼采推崇超人，而超人历程的
最高境界却是孩子——
由骆驼变为狮子
由狮子变为孩子

我们认为这些大哲学家
何以如此注重婴儿心态呢？

因为婴儿无知无欲，淳厚柔和
天人合一，潜力无穷

|八|十|四| 简单论

诺贝尔奖得主李政道认为：
原理越简单，应用越广泛
科学就越深

这句话正合《易经》的宗旨：
易简，则天下之理得矣

尼采认为：
真理不是因为肮脏
而是因为太浅显

所以人们才不愿意
走进真理的
水中

有时复杂的东西反而很简单
简单的东西反而很复杂

恰如老子所言：

吾言甚易知也，甚易行也
而天下莫能知也，莫能行也

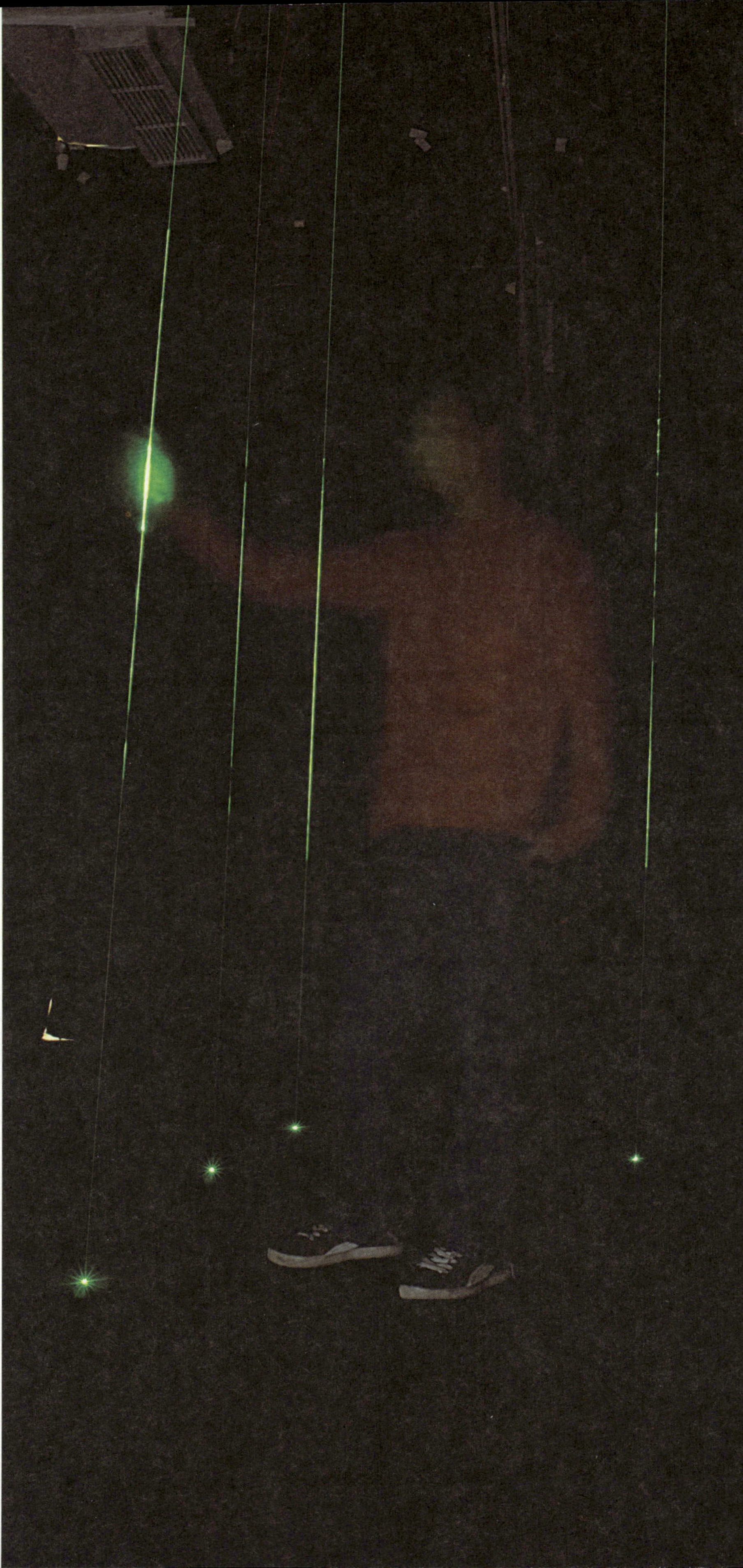

|八|十|五| 惚恍为道论

老子是个主张正言若反
真理难名的人

他对道之为物恍恍惚惚
的论述，让人莫衷一是：
道之为物，惟恍惟惚
惚兮恍兮，其中有象
恍兮惚兮，其中有物

……
是谓无状之状
无物之象，是谓恍惚

这两章的含义除了从量子力学
的波粒二象性中可以找到解释
和说明以外

从大物理学家史蒂芬·霍金
《时间简史》的量子引力论中
或许还可以找到另外一种
解释与共鸣：

时空在普朗克尺度下（10^{-33}厘米）
不是平坦的，而是处于一种
泡沫状态

|八|十|六| 委曲求全论

禅者
忍也

这是达摩祖师的一句真言

忍者一是忍受环境
二是忍受时间

《金刚经》中将忍辱、布施
禅定等列为佛家六度之一
称为：**忍辱波罗蜜**

老子认为：
曲则全
……
全乃天
天乃道
道乃久

意思是说只有委曲自己
适应环境才能保全自己

爱因斯坦在相对论中科学
地指出：
物质会弄弯周围的空间

如果在现实生活中
一味刚直、不懂得妥协和
顺从别人的人又怎可能
不碰壁呢？

|八|十|七| 宇宙膨胀论

终于有一天科学家发现：
宇宙原来在膨胀

而我们的哲学家老子在
2500年前即以如下文字
描述过宇宙运动的状况：
吾不知其名
故字之曰道
强为之名曰大：
大曰逝
逝曰远
远曰反
……
周行而不殆

意思是说
我不知道宇宙的名字
勉强付给它一个宏大的称呼
宏大而且膨胀
膨胀就会扩散
扩散至极就会回缩……
循环往复没有穷尽

爱因斯坦发表广义相对论时
还误以为宇宙必须是静态的
他不得不在方程中引进一个
宇宙常数来修正自己的理论
直到晚年才接受宇宙膨胀论
统一场论自然无从解决

中华民族的智慧难道可以小视
或者以常规度之吗？

|八|十|八| 相对论

老子主张道是有无的统一体
有无是相对而生的：

有无相生

难易相成

释迦牟尼主张万象是有无
的有机合一：

色不异空，空不异色

色即是空，空即是色

爱因斯坦的相对论更揭示了
一个客观的规律：

质量与能量按绝对比例互换

我们认为按物理学的解释是
物质与空间是同时产生的

从某种角度来看：

宇宙和基本粒子应该都是

由空间与反空间组成的

|八|十|九| 奇正论

兵法说：
以正合，以奇胜

老子说：
以正治国，以奇用兵

何为正者？
周密缜细
善蓄内敛
静如山岳
不可败也

何为奇者？
攻其无备
出其不意
无穷如天地
不竭如江海

正复为奇
奇正之变
不可胜穷也

《道德经》在开篇中论述有无
其实可以囊括天下之变：
此二者（指有无），同出而异名
同谓之玄。玄之又玄，众妙之门

这接近于比尔·盖茨所阐述的
计算机科学基本原理：
信息在进入计算机之前
必须转换成二进制（0、1）

|九|十| 控制论

鬼谷子认为：

是贵制人，而不贵见制于人

意思是说：控制人的人掌握权力
而被控制的人则受制于命运

《孙子兵法》同样主张：

故善战者，致人而不致于人也

毛泽东认为：无论处于怎样复杂
严重、惨苦的环境，军事指导者
**首先需要的是独立自主地组织和
使用自己的力量**

被敌逼迫到被动地位的事是常有的
重要的是**要迅速地恢复主动地位
如果不能恢复到这种地位，下文
就是失败**⑱

《道德经》认为，道恒无名。**朴虽小
而天下弗敢臣，侯王若能守之，万物
将自宾……不欲以静，天地将自正**

其意是说，道是无名的规律，它不为
天下一切有形之势力所臣服和控制
系天下之正宗，守之者昌，弃之者亡

|九|十|一| 全局论

毛泽东认为：指挥全局的人
最要紧的，是把自己的注意力
摆在照顾战争的全局上面 [19]

任何一级的首长，应当把自己注意的
重心，**放在那些对于他所指挥的全局**
说来最重要最有决定意义的问题或
动作上，[20]而不应当放在其他的问题或
动作上

因为：**战争的胜败的主要和首先的**
问题，是对于全局和各阶段的关照
得好或关照得不好 [21]

围棋大师吴清源曾提出21世纪的
围棋观——"中"的精神和六合之棋
其精髓就是讲围棋的博弈，首先要**从棋面**
的整体和全局的均衡出发，要发挥每一
个子的作用才是真正的好棋

老子主张：**知常容，容乃公，公乃全**
全乃天，天乃道，道乃久，没身不殆

《道德经》的博大与科学主要是因为它
是探索和包容整个宇宙的基础规律，是研究
阐述整个自然界与人类社会（含个体身心）
发展的根本规律，故亘古不衰

|九|十|二| 后发制人论

后发制人
是以弱胜强的基本准则
是中国革命战争战略的基础思想

无论是红军对国民党军队还是
中国军队对侵华日寇，后发制人战略
都贯穿着大步后撤、诱敌深入游击血战
的各个阶段，成为红军致胜的首要法宝

对此，毛泽东同志认为：后发制人就是
要客观面对自己初期弱小而对手强大
这样一个不利事实，不能"左"倾冒险
退却的目的在于实现：**保存力量，待机破敌** ㉒

而退却的好处除了能够
保存并集结最大而有活力的军队 ㉓
之外，求心退却到根据地作战之后
更可以化劣为优，充分取得，诸如：
积极援助红军的人民
有利作战的阵地……
发现敌人的薄弱部分
使敌人发生过失 ㉔ 等这样一些有利条件

因此，当我们还弱小与非常被动时
不免努力做到像拳王阿里说的那样：
你不妨站稳了让对方打，等他打累了
他自然会倒下

|九|十|三| 集中兵力论

毛泽东认为，继后发制人之后
在军事上：**从战略防御中争取胜利**
基本上靠了集中兵力的一着。[25]

《孙子兵法》也有类似的主张，**即：**
我专而敌分，我专为一，敌分为十
是以十攻其一也，则我众而敌寡
能以众击寡者，则吾之所与战者
约矣

克劳塞维茨认为：**战略上最重要**
而又最简单的准则是集中兵力

但是，毛泽东认为：**集中兵力看来容易**
实行颇难……原因就在于指导者缺乏战略
头脑，为复杂的环境所迷惑，因而**被环境**
所支配，失掉自主能力，采取了应付主义[26]

故此，他主张对于强敌或关系紧要的战场：
应以绝对优势的兵力临之[27]

《道德经》有文：**知者不博，博者不知**

大意是说，有真知的人涉猎并不泛泛
这种观点与军事上集中兵力的思想其实
是一致的

|九|十|四| 单线作战论

在军事上，要真正做到集中兵力
就必须明确反对"全线出击"和"两个
拳头打人"之军事冒险主义与军事平均主义

军事平均主义的做法，通常是把红军主力
分割为二，企图在两个战略方向同时求胜
结果是：**一个拳头置于无用，一个拳头打得**
很疲劳，而且没有当时可能取得的最大胜利

毛泽东认为，真正做到集中兵力就只有
单线作战，即：**在有强大敌军存在的条件下**
无论自己有多少军队，在一个时间内
主要的使用方向只应有一个，不应有两个[28]

不难看出，第一次反"围剿"消灭张辉瓒师
和谭道源师之一半，第二次反"围剿"打
富田地区的王金钰、公秉藩以及三大战役的
辽沈、淮海、平津决战，不断壮大的红军正是
基本遵循单线作战的战略方针依次胜利成长的

与此相对应，希特勒对苏联和欧美盟军两线作战
从战略上讲，德国其实早已经处于必败之地

因此，有人试图长期每天抓好两件事，同时追求
两个中意的女人或者打算同时学好两门外语时
不妨用拿破仑的名言友好地提醒一句：
目的的专一

|九|十|五| 决战论

决战是战争和竞争的最高阶段
唯有决战，才能根本解决两军或者
两个竞争对手之间谁胜谁负的最终问题

决战有时是瞬间决定的，如搏击
有时则是一个战略反攻的长期过程
如以弱胜强、后发制人之军事战略反攻

正如，李小龙在《武道释义》
中指出的那样：**搏击是瞬间千变万化的**

联系到后发制人的战略、集中兵力的战略
毛泽东认为决战的胜利其实取决于战略指导者
和战略计算的胜利，即：**贯通全战略阶段乃至
几个战略阶段的、大体上想通了的、一个长时期
的方针，是决不可少的**[29]

那种走一步看一步的指导方式
对于政治是不利的，对于战争也是不利的
因为：**敌人的统帅部，是具有某种战略眼光的**[30]

因此，反攻开始即打第一仗时，我们务必遵循以下
三原则：**必须打胜；必须照顾全战役计划
必须照顾下一战略阶段**[31]

|九|十|六| 用间论

毛泽东认为：**任何军事计划，是
应该建立于必要的侦察和敌我情况及其
相互关系的周密思索的基础之上的**[32]

无论是商道还是兵道，有效地
获取彼己之全部或主要信息，均应成为
行动之基本指南，所以《孙子兵法》强调：
**能以上智为间者，必成大功
此兵之要，三军之所恃而动也**

老子认为，其实信息就处于物质和
不断变化之中：**孔德之容，惟道是从**
道之为物，惟恍惟惚。……
**窈兮冥兮，其中有精；其精甚真
其中有信。**自今及古，其名不去
以阅众甫。吾何以知众甫之状哉？以此

这段话的意思是说，万物之内，由道
生成，循道而行，这其中有亘古不离
的信息。他所知道的万物之情状，正
由此而知

而很多粗心大意的军事家，则把军事计划
建立在一相情愿的基础之上，……**不免于
受敌人的欺骗，受敌人表面的或片面的情况
的引诱，受自己部下不负责任的无真知灼见
的建议的鼓动，因而不免于碰壁**[33]

|九|十|七| 精微论

中国的古代哲学是十分强调
精微哲学的，所谓察微知著
一叶知秋

《易经》曰：
履霜，坚冰至也

《道德经》中如下论述：
见小曰明

意思是说能明察到细小的
方面才是智者

《太极拳谱》中论述的
太极拳原理也是因微而动：
彼不动
己不动
彼微动
己先动

据说北京的女孩子看人
都是由下往上看的
可能是因为鞋是最不引人注意
却反映一个人品位和实力的
部位吧

于细微处见精神

|九|十|八| 周密论

事以密成，语以泄败

《鬼谷子》强调：
即欲捭之，贵周；即欲阖之，贵密
周密之贵微，而与道相追

《孙子兵法》主张：
夫未战而庙算胜者，得算多也……
夫将者，国之辅也
辅周则国必强，辅隙则国必弱

毛泽东认为：
然而敌人不能取消我们的胜利，也不能
避免他们的损失，因为何时何地我们这样做
他们不晓得。这一点我们是保守秘密的
红军的作战一般是奇袭㉞

刘勰《文心雕龙·附会》，明示：
首尾周密，表里一体
此附会之术也

可以，清楚地看出——
周密，对于运筹全局，并最终取得
决战的胜利，具有举足轻重的作用

恰如，杨倞所言：
周密，谓尽善也

|九|十|九| 空灵论

空灵我们不妨称之为：
天人合一

练武之人首先练的就是
空灵：
一羽不能加
蚊蝇不能落

这是太极拳的练习方向

周身无处不弹簧
同样为内家拳的大成拳
如此要求习武者

截拳道要求练习者需要：
以空灵之心
无形、无法面对敌人

没有空灵就谈不上
瞬间反应

|一|〇|〇| 功成不居论

夫唯弗居
是以不去……
功成身退，天之道
这是《道德经》的原文

老子认为功成不居包括
不居功、不自伐、功成身退
以及不欲见贤四个方面

因为圣人是无欲的
因此其行为必顺从天意
法从天为

帮助勾践卧薪尝胆、雪臣耻
之辱的谋臣范蠡深谙此道
他功成身退后留书文种：
飞鸟尽，良弓藏
狡兔死，走狗烹
文种未听范蠡之言，终被
勾践听信谗言赐之自尽

像这样的例子还有：韩信
李斯等

华盛顿只任两届总统
就坚辞不受
可是，他留下一个充满生机
和活力而精华循环流动的
美利坚合众国

可见，功成不居者
功劳久存也

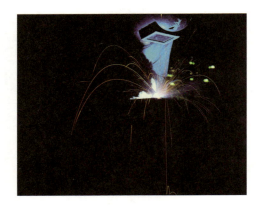

|一|〇|一| 补绽论

鬼谷子认为：
人与人的感情交往
是难免出现破绽的

小破绽会变成大漏洞
必须及早弥补

此为抵巇之术

由破绽而产生破裂、失败的
例子是很多的：

刘伯承元帅在军事上认为
游击战和运动战的机动特点是：
寻找敌人的弱点，如其没有弱点
那就要创造敌人的弱点㉟

太极拳理主战：
大将临敌，无处不慎

古语常云：
千里之堤
溃于蚁穴

目前的离婚率很高
与婚姻的双方忽视
补绽之术有无关系呢？

|一|〇|二| 至柔论

极柔软然后能极坚刚
终柔软以迎敌

武禹襄如此阐述太极拳
拳理

瑜珈功的功理与此同出一辙：
放松，再放松
全身都放松以至
每一个细胞都要放松
要放松至比一根羽毛
还要轻

物极必反

老子认为：
天下至柔驰骋于天下至坚
无有入于无间……
柔弱胜刚强

因此太极拳坚持：
至柔即至坚
克刚易，克柔难

|一|〇|三| 自明论

知人者智
自知者明

老子如是说

数学大师陈省身在回顾
人生历程时曾如此描绘
当初的选择和自我评价：
我年轻的时候
百米跑20秒
搞体育自然不行

所以去掉若干个
不可能后
只能搞数学

大物理学家杨振宁先生
年轻时不善于做物理实验
有说法是：
哪里有爆炸声
哪里就有杨振宁

所以杨振宁先生选择了
理论物理

客观地了解自己
每天检察自己便是智慧

|一|〇|四| 欲取先与论

搞政治如同追女人，表面
上要显得你并不在谋求她
你追女人，她会逃跑
而你后退，她会跟你走

戴高乐这样描绘他的政治之道

《道德经》认为：
将欲弱之，必固强之……
将欲夺之，必固予之

意思是说
你要弱化它，你就必须先强固它
你要夺取它，你就必须先给予它

反其道而行之
是道的规律
也是智慧的规律

鬼谷子不是说
听话要善于听反话吗？

其反也正

|一|〇|五| 不即不离论

处世要道
不即不离

《菜根谭》这样阐述人生相处之道

老子认为：
塞其兑（堵上自己的感官）
闭其门（关上自家的门户）
挫其锐（削减刺激别人的锐气）
解其纷（排解自己及外界的纷扰）
和其光（与众人一起辉耀）
同其尘（与百姓一起混蒙）
是谓玄同（这叫天人合一之慧）

故不可得而亲，不可得而疏
不可得而利，不可得而害
不可得而贵，不可得而贱
故为天下贵

从这种角度看：
梁鸿、孟光是感情中的智者啊！
他们结婚之后仍然保持当初的距离：
举案齐眉，相敬如宾

这样的婚姻岂不尽合中庸之道？

|一|〇|六| 朴论

老子认为：
道恒无名。朴虽小，而天下弗敢臣……
恒德乃足，复归于朴……
见素抱朴……
化而欲作，吾镇之以无名之朴

庄子主张：
识其一，不识其二；治其内，而不
治其外。夫明白入素，无为复朴
体性抱神，以游世俗之间……
同乎无欲，是谓素朴
素朴而民性得矣

身后作品拍卖价高达
8000万美元一幅的绘画大师
梵高认为，**在他的作品**
中有某种真诚和质朴的东西，其实
这种真朴就是**画道**

何为朴？朴，即道也
如滴水之于大海
是道之细胞
幽隐混成、简单浅易
柔弱至极之道质也

|一|〇|七| 小国寡民论

老子认为：

小国寡民……民至老死，不相往来

小国寡民这种理想国家
曾被嘲笑为原始共产主义
实则是有待探讨

马寅初先生在《新人口论》中
指出：**人口太多就是我们的致命伤……**
要和平共处，做到我不侵略人家
也不要人家侵略我，就非控制人口不可
然而，结果是：**误批一人，错生四亿**

其实，按照木桶原理来看
人类的素质往往是由素质
最低的群体或个体决定的

在数十亿的人群中试图让每一
群体或个人都能达到很高的
素质显然是不太可能的

何况，生存资源如此有限
人之贪欲近乎无穷

因此，人类要发展难道不要
减少人口，不但是中国
而且包括全世界的人口吗？

|一|〇|八| 小康论

小康，是农民的"中国梦"

习近平总书记，精辟总结：
小康不小康，关键看老乡 ㊱

时任总理温家宝，则将"教育"列为
奔向小康的头等大事：

改造广大农村，必须从发展农村教育入手……
要提高一个国家的教育水平，必须
先从农民抓起。如果不懂得这一点，就不
懂得农民的教育学
也就不可能树立农民的教育观 ㊲

王岐山同志，也深刻地指出：
没有农民的小康，就没有全国人民的小康
"三农"问题的核心是农民。要为农民的
生产生活、教育、医疗等提供良好服务
全面提高农民素质 ㊳

那么，全面"小康"的高速入口在哪里呢？——
《中共中央国务院关于积极发展现代农业
扎实推进社会主义新农村建设的若干意见》：

建设现代农业，最终要靠有文化、懂技术、会经营
的新型农民

知足者富论

老子认为：

知足者富……

知足之足，恒足矣……

祸莫大于不知足

孔子认为：

一箪食，一瓢饮，居陋巷

人不堪其忧，回也不改其乐

刘禹锡认为：

斯是陋室，惟吾德馨

李开复博士曾引用了

一句英语古谚：

最富有的人不是

财产最多的人

而是欲望最少的人

知足则为腹不为目

不追求声色犬马

功名利禄

知足就会安守疆土

不发动战争

知足就会知止

知止则无殆

|—|—|○| 地—德论

《易经》曰：

地势坤

君子以厚德载物

其意是说：

大地如母

承洁容垢

善恶兼包

《圣经》也有类似的

表述：

太阳照好人，也同样照坏人

降雨给行善的，也给作恶的

老子则通过"福祸相依"

"正复为奇，善复为妖"

的人事循环，提出：

善者，吾善之

不善者，吾亦善之

德善

信者，吾信之

不信者，吾亦信之

德信

这是地人合一的

道德观

｜—｜—｜—｜ 德柔论

俗谚道：

百炼钢

化为绕指柔

其意是说

常年修炼之后

厚德之人

性情是至为柔和的

金庸先生在其著作——

《书剑恩仇录》中

也曾推崇这样一段话：

强极则辱

情深不寿

谦谦君子

温润如玉

老子在《道德经》中

将厚德之状，与赤子

并论：

含德之厚者

比于赤子

……

知其雄，守其雌，为天下溪

为天下溪，恒德不离

复归于婴儿

|一|一|二| 天—道论

太公《阴符经》中开篇论述道：

观天之道，执天之行，尽矣

意思是说：

明察天运行的规律，仿效天的
作为，便是智慧的尽头

《易经》的开篇"乾"卦，即论天道：

天行健，君子以自强不息

在《易经·系辞上传》第一章又
再次论道：**乾知大始，坤作成物**

老子《道德经》认为：

知常容，容乃公，公乃全
全乃天，天乃道，道乃久……
王法地，地法天，天法道，道法自然

显然，在老子和大智慧的体系中
天和道是一体的
天、道都是全局性的
无形而全容的

天近道
道运天

注 释

①《毛泽东选集》第一卷，人民出版社1991年版，第109页。

②袁小伦：《叶剑英忆毛泽东临终"托孤"曾想尽力扶持华国锋》，2011年
　11月18日，人民网（http://history.people.com.cn/GB/205396/16295218.html）。

③《毛泽东选集》第一卷，人民出版社1991年版，第237页。

④晓亮：《十大下台元首》第3章，《一闪即逝的东方慧星——赫鲁晓夫》，
　文学网（http://lvxsw.com/txt/4969/138651.html）。

⑤《共产党宣言》，人民出版社2014年版，第31—32页。

⑥《温家宝:钱学森之问对我是很大刺痛》，2010年05月05日，新华网
　（http://news.xinhuanet.com/politics/2010-05/05/c_1273985.htm）。

⑦《扩大优质教育资源全面实施素质教育》，2005年10月25日，浙江日报。

⑧《共产党宣言》，人民出版社2014年版，第31页。

⑨同上书，第30页。

⑩《毛泽东选集》第一卷，人民出版社1991年版，第87页。

⑪同上书，第89页。

⑫参见《刘伯承军事文选》，中国人民解放军战士出版社1982年版，第135页。

⑬《冷静观察、沉着应付、韬光养晦、决不当头、有所作为》，
　2012年10月28日 ，人民网－理论频道
　（http://theory.people.com.cn/n/2012/1028/c350803-19412863.html）。

⑭《毛泽东选集》第二卷，人民出版社1991年版，第526页。

⑮《毛泽东选集》第一卷，人民出版社1991年版，第220页。

⑯同上书，第221页。

⑰同上书，第215—216页。

⑱同上书，第223页。

⑲同上书，第176页。

⑳同上书，第176页。

㉑同上书，第175页。

㉒同上书，第197页。

㉓同上书，第223页。

㉔同上书，第207页。

㉕同上书，第224页。

㉖同上书，第222页。

㉗同上书，第227页。

㉘同上书，第225页。

㉙同上书，第222页。

㉚同上书，第222页。

㉛同上书，第222页。

㉜同上书，第180页。

㉝同上书，第180页。

㉞同上书，第228页。

㉟《刘伯承军事文选》，《论游击战与运动战》，中国人民解放军战士
　　出版社1982年版，第90页。

㊱《习近平的扶贫观：小康不小康，关键看老乡》，2015年10月14日，
　　中国发展门户网
　　（http://cn.chinagate.cn/news/2015-10/14/content_36807592.htm）。

㊲《温家宝：一定要把农村教育办得更好》，2011年9月9日，
　　人民日报（http://politics.people.com.cn/GB/1024/15624019.html）。

㊳《王岐山：没有农民的小康就没有全国人民的小康》，
　　2013年3月11日，新华网
　　（http://news.xinhuanet.com/2013lh/2013-03/11/c_114985134.htm）。

峰寿

愿先师之舟
自达观彼
岸

晓之需

作者—周鹏飞

篇后语

《财智新国学》的研究方法是：

两个举世闻名的杰出人物

对同一重要问题抱有相近

的观点，就可以研究

它的科学性

这是财智哲学赖以

奠基的方法论